铠甲

冷兵器时代的男人装

刘筱燕 著

知识产权出版社
全国百佳图书出版单位

图书在版编目（CIP）数据

铠甲：冷兵器时代的男人装 / 刘筱燕著 . —北京：知识产权出版社，2017.10

ISBN 978-7-5130-5183-5

Ⅰ . ①铠… Ⅱ . ①刘… Ⅲ . ①手工艺—民间艺人—介绍—中国 Ⅳ . ① K825.72

中国版本图书馆 CIP 数据核字（2017）第 241951 号

责任编辑：卢嫒嫒　　　　　责任出版：刘译文

铠甲：冷兵器时代的男人装

KAIJIA: LENGBINGQI SHIDAI DE NANRENZHUANG

刘筱燕 著

出版发行：知识产权出版社 有限责任公司	网　　址：http://www.ipph.cn
电　　话：010-82004826	http://www.laichushu.com
社　　址：北京市海淀区气象路 50 号院	邮　　编：100081
责编电话：010-82000860 转 8597	责编邮箱：31964590@qq.com
发行电话：010-82000860 转 8101	发行传真：010-82000893
印　　刷：北京建宏印刷有限公司	经　　销：各大网上书店、新华书店及相关专业书店
开　　本：720mm×1000mm　1/16	印　　张：6.5
版　　次：2017 年 10 月第 1 版	印　　次：2017 年 10 月第 1 次印刷
字　　数：100 千字	定　　价：48.00 元

ISBN 978-7-5130-5183-5

《西塘汉服文化周系列丛书》

策划委员会

发起人 方文山

策　划 刘雄英　陈广松

《铠甲：冷兵器时代的男人装》

统　筹 闫超强　信　辉

策划委员会成员（排名不分先后）

王京川　贾　刚　萧　何　许杰克　胡小军

陈雪飞　黄旭飞　张静安　孙宇翔　张　陟　汤泳韬

摄影统筹 张越尘　Acme Factory

摄　　影 李彦羲

封面书法 张文东

创衣冠之美族曰华

拥天地之大国称夏

传炎黄之民心系汉

着交领之邦尚华服

发起人·方文山

序

铠甲：穿着于身的男儿气概

国之大事，在祀与戎。古代的历史演进中，朝代之间更迭，不可避免的就是战争。中华民族讲究文武兼备，即便在和平年代，国家也应该保有自己的军事力量，甲胄就成了不可或缺的装备。自春秋战国时期起，金戈铁马，气吞万里如虎，一件甲衣披身，便能尽显男子气概。甲为盔甲，胄为盔帽，在冷兵器时代，没有什么能抵挡铜铁武器的攻击，而这一件衣服却能保护身体免受伤害。甲胄的质地也成了不同军阶的象征，如明光甲一类的铠甲仅凭名称都让人遐思向往。

甲又名铠，《释名·释兵》："铠，犹铠也。"相传铠甲的制造者源于夏朝少康的儿子"杼"，一次战争中，杼遭到了敌人的顽强抵抗，对方用远程弓箭攻击，使得杼的军队损失惨重，所以他制作了铠甲，以抵御敌方的攻击。经过历朝历代的完善和推陈出新，我们的冠服体系出现了各种各样的铠甲。

我写过一首词，开头引用了王昌龄古诗"秦时明月汉时关，万里长征人未还。但使龙城飞将在，不教胡马度阴山"的气势，同时，我也认同那个时代战士应有"不破楼兰终不还的"的底气，一旦出了雁门关就决不会回头，除非带着旌旗归来。我顺着古诗继续往下写，其中有一句"血肉筑

城万箭穿，盔甲染血映月光。远方胡笳催断肠，狼嚎骤起震边关"，讲的就是在沙场之中，盔甲抵御万千飞箭的攻击，保得勇士一往无前所向披靡，而在血战沙场之后，凛凛的月光映照在空旷无人的沙场，谁都不知道谁做了什么，但那些带血的盔甲会映衬月光，铭记这段时光，铭记它的主人拥有过的丰功伟绩。胡笳声响起，胸怀家国的远大志向也变得更为清晰，急促的马蹄声中，唯有胸前的这片银光印证着真心。

　　虽然现代大部分人无需披甲上阵，但我希望这股来自民族骨血传承的勇气能够承继下来，会对今人的生活和工作有更多启示。

　　　　　　　　　　　　　　　　　　　　　　　　　　　_签名_

　　　　　　　　　　　　　　　　　　　　　　　　　2012.9.21

前　言

古人有言："国之大事，在祀与戎"，军事行动与祭祀有着同等的分量，而保障军事胜利的除了战略和战术，剩下的就是武器了，其中进攻性武器中具有代表性的有刀剑一类，而防御性的装备中最具代表性的就是甲胄了。历代统治者都非常重视军队中甲胄的配置，军队披甲率的变化甚至可以折射出国力的兴衰。

毕竟人是血肉之躯，在冷兵器时代，相对兵器的发展，人们也积极地钻研对自身的防卫措施。此军戎服饰包括服装和甲胄等，其中甲胄是直接保护战士肢体和生命的重要装具，也是中国古代军队中必不可少的军事装备。由于军事活动需要高度的组织性，历史上除了农民起义军外，政府军队的着装都是被完全制度化的，其实质也是一种制服。用于礼仪目的的仪仗铠甲，更是对色彩及彩绘图形都有明确要求。所以说古代甲胄可以反映出一个时代的政治制度。

对于前人武士来说，铠甲装备如果不是国家供给，一套装束下来，可是要不少银两，一旦从军，便要等到退休一刻才能卸甲归田。铠甲整齐，不仅显其威严、雄武，也适当衬托出人在队伍里的地位，即使成为仪仗队里的一员，也是最显耀的。要说铠甲是冷兵器时代的男人装，着实恰当。

由于军事力量是国家文明繁荣重要的外围保障，所以从古至今最前沿、尖端的制造技术往往被优先用于军事。据《考工记·函人》的记载可

见，早在东周时期，甲胄的制造就已经理论化和流程化，人们在之后的考古发掘中更是发现当时的部分皮甲已开始使用复合材料制造。古代甲胄可以反映出一个时代的社会生产力及科技水平，而复杂的加工工艺，更使得甲胄在古代不仅具有战争实用性，同时还具备很高的观赏价值。通过本书的简单介绍，读者可以了解到甲胄的制作并非单一工种，而是由多领域加工技术集合而成的，因此，一套铠甲可以说是综合了多种工艺的实用艺术结晶。

可想而知，战争是残酷的，铠甲要想在战争中存留下来是困难的，在铠甲复原工作中，许多资料必须靠铠甲师自己对照书画来做，但各项复杂又高深的加工技巧，才是铠甲师们最难能可贵的真功夫。透过当代铠甲师们的努力，我们有幸可以看到这属于汉服文化的分支，也让我们透过复原的冷兵器时代的男人装，真实地看到过去中国英勇、忠义的武魂。

《铠甲：冷兵器时代的男人装》以工艺匠师为主线，通过个人的介绍与作品的展示，让铠甲重新显耀军武，让读者用艺术、文化传承的眼光去欣赏铠甲，并体会到匠师在复原汉文化的薪火相传中的傲骨精神。书中也介绍了飞鱼服，让读者得以有幸一窥，明朝时期的独特汉服文化。

既然说是介绍冷兵器时代的男人装，怎可忽略冷兵器时代最常见的兵器。剑与弓，列于十八般兵器，成为中华武术和武器的象征；剑与弓，也依然遗留在运动、武术竞赛表演中。剑与弓，一如铠甲，在过往冷兵器时代从近身肉搏到今日先进科技决胜于千里，所象征的意义几经嬗变、饶富无穷。

当翻阅《铠甲：冷兵器时代的男人装》时，我们期待让读者与祖先的智慧再次相遇，并唤起自己的民族基因，从一缕缕的脉络中，看到华夏文明中的另一个华丽而又庄严的篇章。

目　录

冷兵器篇

甲冑篇

中国历代甲胄

——从尚武精神到礼仪威严

春秋【管子·地数篇】：葛卢之山，发而出水，金从之，蚩尤受而制之，以为剑铠。

春秋【周礼·夏官·司甲疏】：古用皮，谓之甲。今用金，谓之铠。

唐朝【初学记】：首铠谓之兜鍪，亦曰胄。臂铠谓之焊。颈铠谓之钾锻。

宋朝【广韵】：函（铔）甲，介铠也。

上面这四本古书对铠甲的记载，几乎把铠甲从发明到定型的历程，做了一个很完整的记录说明。蚩尤造出甲，原以皮革为甲，后人用金属而称铠；唐朝有了保护头的盔、保护臂膀的"千焊"，以及脖子上的钾锻；宋朝说函（铔），树身的外壳就是铠甲，间接表述了"函人"即为专门铸造铠

甲的人。因为"函"有包容物品、提供物品外层保障的作用物的意思，因此函（鎧）也就更直接地说明铠甲是让身体外层免于受兵器伤害的防护装备。

根据文献和考古资料的发现，中国制甲在先秦主要是用皮革制造，而后因铸造技术的发展、原料取得的便利性和兵器的改造需要，逐渐以金属替代。在近年汉服文化研究中，铠甲的研究本来仅限于少数人，但是从文明的延续角度，铠甲与汉服文化脱不了关系。铠甲的变革便是在讲述中华历史战争文化的演变，它不仅是中华民族尚武精神的象征，也代表了数千年来中华民族精湛工艺技术的生命轨迹。

中国铠甲的防护重点在于防范被尖锐武器贯穿，同时考虑到行动的便利性，所以采以甲片重迭编织而成。而中国冷兵器时代的兵器种类繁多，士兵需要应付战场上厮杀的槌、刺、砍……随着兵器的发展，铠甲的制造也逐步升级。虽然铠甲多半是以金属制造，依材质来说应该容易保存，但却因为战争频繁而残酷，多数在战争中随士兵的殒落而失落在战场，能被保存下来并出土的数量少之又少。现在从事甲胄研究的学者和精通甲胄修复工艺的大师常常需要通过少之又少的出土文物、壁画、古代画作中寻找蛛丝马迹，这使得铠甲的复制工作愈发困难。

下面我们随着几件出土的文物，一窥中国铠甲的演进过程。

根据考古研究，中国最早的甲胄出现在商朝，即公元前 17 世纪至公元前 11 世纪左右。但是因年代久远，士兵所穿戴的铠甲、胄甲形式较难考究。此时青铜冶炼技术已经十分成熟，图 1 是在江西出土的盔甲，为青铜所造，可见当时已经用青铜为材料制作防身的铠甲。

图 1　青铜盔

考古学家在江西省新干县大洋洲乡商代墓出土的青铜胄中，还发现了青铜面具，1976年陕西省城固县苏村出土的文物中也有这种面具。由于中国古代是尊奉神祇的年代，专家推敲该面具的功能或为士兵防御、宗教祭祀傩具、丧葬逝者覆面之用。

周朝司甲职务体制的建立

据记载，周代朝廷中设有"司甲"官员一职，并以"函人"来监管制造，表示铠甲制作已进入国家体制中。对照当时的汉服，当时的汉服形式上开始采用深衣，取代上衣下裳做为日常正式的服装，春秋战国的铠甲自然也受其影响，将铠甲防护身体的长度延续到下腹。公元前321年，战国开始制造金属铠甲，士兵与军官还分别以铜、铁来区分阶级。不过当时冶铁技术并不发达，士兵铠甲大多数仍还是用牛皮、硬藤所做。春秋战国的铠甲另有对手臂、足部设计的袖甲、皮靴，对身体的包覆性已经有所提升。

秦代兵马俑中的甲衣

公元前221年秦国吞并六国，建立中国历史上第一个王朝。秦朝是中华民族历史上的强国，秦始皇陵兵马俑的发现，为研究中国古代铠甲提供了相对完整的资料。

秦始皇兵马俑中有了将军俑、军吏俑、武士俑、骑兵俑、跪射俑及御手俑等，几乎包含了秦时代军队中的各个兵种与军阶。这些陶俑的姿态、神情，甚至身上的盔甲、发饰都不一样，连同他们的战马、战车和武器等，几乎没有一个俑是完全一样的。兵马俑的发现不仅具有重要的历史价值，更让人赞叹两千多年前工艺师的精湛技术。从图2中，我们可以很清楚地看到兵马俑的铠甲不仅纹路清晰，更可以从排列中看出成军的等级制度。根据现有的挖掘资料，可将铠甲按形制分为四形，分别为护胸腹形、铠甲形、骑兵步兵甲、驭手（战车驾驶）专用甲四类。

图2　身着铠甲的兵马俑，依照军制排列阶级

　　图3展示了彩绘跪射俑甲衣的铠甲，由前后上褛、前后下褛、双肩、前后领口等几部分组成。在秦兵俑的甲衣中最为常见的特点就是：胸部的甲片都是上片压下片，腹部的甲片，都是下片压上片，这种设计是为了便于士兵活动。所有甲片上都有甲钉，类似于宋代铠甲中的"甲泡"，主要是为了连接各个甲片。在铠甲制作师萧何复原的秦甲中，萧何以线绳替代了甲钉。

　　另外，在秦始皇兵马俑二号坑出土的文物中，发现了大量宝物，图4中的石质铠甲就是其中的一件。这件铠甲制作精良，大约有近600片的石质甲片，分别以金属缝制，连接起来。考古学家认为，这件铠甲的实际用途不在于作战中穿着，而是一件礼甲，也有可能是专为秦始皇陵墓所打造的陪葬礼甲。若将其材质

图3　彩绘跪射俑

置换成金属甲片、皮甲，也就是秦代兵马俑中最常见的甲衣形式。

汉代的玄甲与鱼鳞甲

汉武帝时期大规模讨伐匈奴，军事装备因战争的需要得到进一步发展，铠甲也愈加精良。另一方面，此时的铠甲也作为随葬品使用。因此，在这一时期的考古发现中，铠甲经常出现在汉代将相的古墓里。

汉代铠甲以铁甲为主，当时称为"玄甲"（黑漆铁甲、黑铁甲）。汉代戎服在整体上有很多方面与秦代相似，军

图4 秦代铠甲（秦始皇兵马俑中出土的石质铠甲）

队中不分尊卑都穿禅衣（汉服深衣的一种，为无衬里的单层衣），下穿裤。在汉代刘胜墓出土文物中有一套铠甲（图5），款式像现代的T恤一样，可以从头套入。因甲片形似鱼鳞而被称为鱼鳞甲，甲片较秦朝所制精细许多，在甲片与甲片之间的组合上，也显得更为细致密合，让士兵在行动上更灵活（图6）。另外，在此阶段，铠甲中出现了类似"一片式"的大皮甲，让腿部受到保护，铠甲的遮蔽范围延伸至大腿。

图5 西汉刘胜墓出土的鱼鳞甲

三国魏晋南北朝的"明光甲"

三国初期出现了与前朝不同形制的铠甲。曹植在《先帝赐臣铠表》文中就提到了黑光铠、明光铠、两裆铠、环锁铠、马铠等五种铠甲，这些铠甲有些直到唐朝时仍在军制中使用。

"明光甲"一词的来源，与铠甲胸前和背后的金属圆护有关。这种圆护以铜铁等金属打磨制成，形似一面镜子，在战场上经太阳的照射会发出刺眼的明光，具有干扰敌军视线的作用。图7、图8是郑仁泰墓中出土

图6 西汉札甲（徐州塞拉利昂汉墓出土），萧何根据这件铠甲复原玄色铁甲

的明光甲造型的雕像，其胸前甲片即为明光甲特征。此外，我们还能从中看出南北朝的身甲大多长至臀部，腰间用皮带系束，腿部则有腿裙，起到一定的保护功能。

图7 郑仁泰墓中出土的文物，明光甲造型的雕像

图8 青瓷武士俑所穿明光甲局部

隋唐铠甲的形制种类得到极大发展

隋代在前朝北周的基础上有了更大的发展，国力强盛。但隋代历经两个皇帝便结束了统治，因此在制度上并无太多改变。初唐时期的铠甲仍然沿袭隋代形制，而中晚期的唐代铠甲则走出了自己的风格。唐代是中国古代历史上的著名时期，此时的经济、军事、文化都有了很大的发展。而随着盛唐文化的繁荣，唐代铠甲的形制种类也有了极大发展，远超其他朝代。

唐代铠甲中，用于实战的主要是铁甲和皮甲。据《唐六典》记载，有明光、光要、细鳞、山文、乌锤、白布、皂娟、布背、步兵、皮甲、木甲、锁子、马甲十三种。郑仁泰墓中出土的武士俑所穿着的是两裆式绢甲（图9），而莫高窟的天王像（图10）穿着的则是包裹式绢甲。绢甲结构比较轻巧，外形美观，却毫无防御能力，不能用于战场上，只能作为武将平时的服饰，或是在仪仗中使用的装束。

图9　陕西博物馆藏郑仁泰墓出土的武士俑

图10　莫高窟的天王像

山文甲的样式如图11。山文甲对于全身的保护较其他铠甲增强不少，对于胸、腹部，手臂和腿部的防护也很完整。山文甲有保护腹部的金属护甲设计，独有的纹路除了可以装饰、掩盖片甲中的缝隙，与明光甲一样也有恫吓、迷惑敌军的效果。

锁子甲又称为"环锁铠"（图12），是由铁丝或铁环套扣交织成衣状，外形看似一个网罩。《晋书·吕光载记》："铠如环锁，射不可入。"可见其对弓箭的防御力很强。根据锁子甲的出土地点，可以推断其应是西域地区特有的一种铠甲，而后传入唐朝中土，再经过研发并生产。隋唐出土的隋唐时期文物中没有环锁铠的实物，但是敦煌壁画中的天王像则真实地保留了锁子甲的造型。

图11　石刻雕像中的山文甲

宋代步兵甲

据《武经总要》记载，北宋的步兵甲是以皮条或甲钉将铁质甲片连缀而成，属于典型的札甲。大多数铠甲研究者认为，步兵甲是中国铠甲中与欧洲重甲最相近的一种。可以想象欧洲铠甲武士的笨重模样，宋代步兵甲的重量也不遑多让，堪称中国古代历史上最重的铠甲，其穿戴起来就如图13所示的宋代石刻像一般，将全身包裹起来，大大增强了防御性。

图12　博物馆中的锁子甲

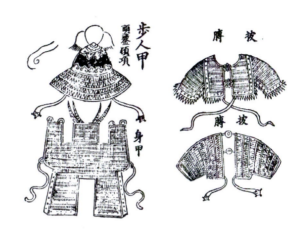

图 13　宋代石刻，着
铠甲的将军像

图 14　步兵甲的基本结构

　　按照宋绍兴四年（1134 年）的规定，步兵甲必须用足 1825 枚甲片，重量将近 29 公斤。甲片越多，防护力越高，但相对来说铠甲的重量也会更重。为避免造成铠甲过重，皇帝还亲下指令限制步兵铠甲的重量，要根据长枪手、弓箭手、弩射手等不同兵种来规定不同的铠甲重量（图 14）。

元代布面甲

　　成吉思汗所建立的蒙古帝国十分好战，其征战绵延至东欧、中亚和东南亚。元代的铠甲种类繁多，尤其是具有局部防御功能的布面甲。

明代罩甲护体

图 15 是明代《抗倭图卷》中的一个片段，我们可以由此来分析研究一下明代铠甲。先以前排的士兵来看，士兵身穿锁子甲，在腰部以下，还配有铁网裙和网裤，足穿铁网靴。图中在坐骑上的似乎有三种官阶，一是无袖、盔甲无帽沿者；二是罩甲、戴有帽沿的盔甲；三则是中间看似戴着将军盔、罩甲的人。三者所穿着的都是属于明代金漆山文甲。明代将官所穿铠甲以铜铁为之，甲片的形状多为"山"字纹，制作精密，穿着轻便。

罩甲出现的时间是在明武宗正德年间，当时有规定，紫花罩衣为皇家使用，一般人是不能使用此色服的。

图 15 《抗倭图卷》中明朝主将披挂的铠甲

清代

清朝时期，火枪出现了。铠甲基本上只能应付冷兵器，对于新型的武器则毫无抵御能力。清朝沿袭了明朝留下来的铠甲形制，例如锁子甲和布面甲。到了晚清，这些铠甲已经从战场上退出，而布面甲则成为武官穿着的一种具有象征意义的礼仪服饰。

康熙明黄缎绣平金龙云纹大阅甲（图16），就如其名，是康熙皇帝检阅八旗军队时所穿的大礼服，等同于现代军队中的三军统帅服。另外，目前在故宫珍宝馆所展示的乾隆金珠云龙纹甲胄（图17），全身缠绕着16条龙，穿插在云朵纹饰之间，铠甲以60万个小钢片连结起来，每个钢片厚约1毫米，长4毫米，宽1.5毫米，上有小孔用来穿线。据说，为制造这套甲胄，共花费了4万多个小时，是现存铠甲中的珍宝之一。这两件均为铠甲礼服中的精品。

图16　康熙明黄缎绣平金龙云纹大阅甲

图17　乾隆金珠云龙纹甲胄

身着甲胄的独行侠
——萧何

2004 年，一部日美合拍的电影《最后的武士》进入中国人的视野。这部电影改变了一个人的命运，这个人，就是萧何。

今年 31 岁的萧何在其读书时接触到这部电影，片中大量的情节完美地展示了日本甲胄的特点和它独特的美。这对本就喜欢古代甲胄的萧何产生了巨大的影响。从那时起，萧何开始研究日本甲胄，并从中发现日本甲胄的雏形和制作技法多是来自古代中国。于是萧何萌生了一个想法，就是希望能拥有一套中国古代的盔甲。当他有足够的经济实力时，却发现当下的中国已经没有会复原和制作中国盔甲的工匠和专业的机构，灰心之余，他并不甘心，既然没有就自己造吧！2008 年，萧何人生中第一套亲自动手完成的甲胄做好了，他发现很多地方是不如意的，因为他只有理论知识而缺乏实践，同时他低估了中国甲胄的结构合理性和相关方面的原理。从那时起，他开始走向专业制作甲胄的道路。

在展场上，萧何从专业的角度，为参观者解读古代冷兵器在现代的发展现状。很难想象，眼前这位对甲胄怀有无限执着与热情的年轻人，为这一天付出了多少时间、精力及金钱。他放弃了之前待遇不错的工作，选择了这个苦涩而又艰辛的甲胄匠人之路，这一坚持就是十年。在这十年间，萧何通过自己的努力和实践，仿制并复原了自秦汉到明清各个时代的甲胄，并且逐步形成了属于自己的甲胄风格。2013 年萧何正式创办了"萧何国甲工作室"，开始承接国内博物馆甲胄复原工作和甲胄制作。

传统盔甲背后蕴藏了今人无法想象的智慧与文化。萧何说："复制古代盔甲，涉及很多传统技艺。比如，冶铁技术，金属锻造，大漆工艺，绳编艺术，以及传统美学。"在盔甲制作中不仅可以揣摩古人的智慧，还可以窥探一个朝代经济与文化的繁荣程度。在中国古代，如果一位普通士兵都能披上整套盔甲，那中高级将领的盔甲就更不用说了。他说："古代级别高的盔甲有的有鎏金，有的贴金箔，我们现在一整套盔甲鎏金下来要六七万元，古代盔甲再加上珠宝镶嵌和金雕、银雕，其昂贵和奢华程度无法形容。"

经过长时间的工艺设计、修复后，第一件真正的甲胄做出来了。接着，萧何和他的团队成员们开始穿上自制的甲胄到户外行走、爬山，甚至模拟古人去"打仗"。

"在作战中，甲胄的重量是否会影响动作的灵活性？人体穿戴时是否舒适？甲胄所能抵御的最大强度是多少……"当中涉及的力学原理、人体功能学原理、甲胄制作技艺等各方面，萧何都要一一琢磨，在测试中不断发现不足并进行修改和调整，一丝不苟。每一套甲胄修复工艺之烦琐，从开始制作，到完成然后功能测试，最少需要三个月、半年，有时甚至花掉萧何一年的时间。

仿制甲胄是个耗时、费钱的工作，而且是一条孤独的路。萧何曾因为

缺乏研制费用而困厄，当时其心里所受的压力外界难以想象，所幸萧何在朋友的支持和鼓励下，坚毅地走过来了。在其复制明代第一甲胄："神武大将军"甲胄的过程中，花了超过 20 万元的研究费用。但要求完美的个性，让他精益求精，对于这件至今还没有完全满意的作品，萧何仍未放弃做到最好。

★ 2014 年年初，萧何担任了广州民俗文化活动光府庙会"南越王卫队巡游"节目的全部甲胄兵器制作，这也是国内第一次使用真实甲胄参与民俗游行。

★ 2015 年 8 月，萧何制作的明代"大汉将军仿制甲胄"被辽金北塔护国寺和理塘麻通寺收藏，是国内第一例复原甲胄再次被寺庙收藏。

★ 2016 年 7 月，萧何参与了 cctv 国家形象纪录片《穿在身上的中国》的制作，以中国服饰之美介绍中国甲胄当代复原新路。

萧何作品展示

南越王甲胄

南越王甲胄是广州南越王墓出土的甲胄，因为出土于南越王墓，得名南越王甲。此甲胄外形短小，可以贴身穿着。这套甲外形虽然简单，却因为其独特的结构特点和内部的活动性，能够伸缩自如，在我国境内考古出土的众多汉代甲胄中可谓是独树一帜。另外也体现了 2000 年前，岭南地区的制作能力和工艺上与中原地区的紧密联系。图 18 ～图 25 为萧何制作的铠甲。

图 18　萧何仿制的南越王铠甲

图 19　宋代具装甲骑效果图

图 20　萧何仿制宋代具装甲骑

图21　中山靖王甲——玄色铁甲

图22　东山皮甲

图 23　汉代鱼鳞甲玄色铁甲

图 24　汉代高级鱼鳞甲

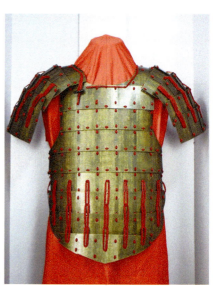
图 25　秦甲

以铠甲展现汉服仪式文化的铠甲师——贾刚

新的时代，新的定位，

从爱好、复制、研究到推广与实践，

使他成为一件民族的甲胄，而非时代的甲胄。

  2015 年 10 月 24 日早九点，随着一声"起辇，仪仗起行"的号令，一支由兰州汉服战友、传统射艺爱好者及国学爱好者 50 余人组成的迎亲队伍开始行进。他们身着汉服、铠甲、绢甲等各式衣服，穿行于兰州市西固区的一处住宅区。不知情的人会以为这一幕景象大概是剧组在拍电影，其实这是贾刚为自己花了五年策划的一场婚礼：一切仪式遵照汉婚议程完成，在汉式迎亲仪仗队伍中，有一波人所着铠甲、皂绢甲，全来自当天的新人——贾刚之手。

  贾刚，网名"萧萧三二一"，生于 1984 年，甘肃省兰

州市人，毕业于扬州大学档案专业，毕业后进入国企工作。自幼对传统文化兴趣浓厚，对军事文化中的铠甲有着特别的喜好。有一件属于自己的铠甲，成为贾刚的第一个梦想。

参加工作以后，他积极参与了"汉服复兴运动"。作为资深汉服同袍，贾刚不只是一般的汉服爱好者，同时也是礼射实践者，汉婚策划执行人。从 2003 年至今，他一直从事汉服礼仪探索实践和推广，策划执行了甘肃省首个以汉礼为蓝本的孔子祭祀、唐制汉婚、传统乡饮酒礼以及射礼，希望通过寻常百姓生活上点点滴滴的仪式，实践并活化中国传统文化。

进入汉服文化生活，像是为他开启了另一个生命的窗口，越是接近，越是宽广。让贾刚有更多更深的文化感触，并对汉服文化迫切的探究之心。2008 年，他开始了另一段汉服文化的挖掘——汉服体系中的"军服"：甲胄。贾刚一直想尝试复制甲胄，好完成自己少年时的梦想。于是，他进行各种铠甲数据的收集和验证制作。2012 年，以连环画《兴唐传》中秦琼所穿铠甲为蓝本，他探索性地制作了铠甲中极为精致华丽的唐朝明光山纹甲。之后，他以历代塑像为蓝本，陆陆续续地制作了多套铠甲，并于 2014 年携带自己所做的 8 套甲胄，参加了"第二届西塘汉服文化周"朝代嘉年华"宋方阵"的巡演。

在研究过程中，皂绢甲引起了贾刚的兴趣。皂绢甲是以皂绢为材料制作而成的用于礼仪场合的甲胄，它保留了铠甲的基本构造，但不具备防御能力，多见于唐代壁画或佛像造型中天王造像。2014 年，贾刚开始对记载中的皂绢甲进行了探索型制作，在结合敦煌佛教造像的基础上制作出多套皂绢甲，并将皂绢甲作为汉服礼仪中的仪仗服饰进行实践运用；2014 ～ 2015 年，他以武士俑和塑像为蓝本制作了秦武士皮甲、多套唐宋金属铠甲。贾刚时常思考着：要如何才能够实践铠甲、绢甲在常民生活中的实用价值，并期待有机会将他的研究与制作展现在真实生活中。2015 年，贾刚在自己的汉式婚礼中，将铠甲和绢甲作为接亲仪仗服饰进行了实用测试。

贾刚利用 5 年时间策划准备的婚礼分为两个部分：迎亲和士昏礼。整场婚礼涵盖了汉唐宋明所穿的服饰，并以《仪礼》为依据，再现除了婚礼以外的多种礼仪。其中新婿迎亲出发前，行冠礼中的"加冠"和"聆讯"，以示新婿成人方可出发。新妇（新娘）到夫家后，一对新人行祭礼，之后前往酒店准备举行唐制汉婚。婚礼开始前以礼射祝福新人。而在婚礼程序中，除了《仪礼·士昏礼》中记载的"同牢合卺，解缨结发"外，新婿还要现场做"催妆诗"和"却扇诗"，以彰显新婚文采。最后的敬酒环节也同时是以《仪礼·乡饮酒礼》的酬酢环节为蓝本，重现华夏民族流失已久的饮酒礼仪。

上面所提到婚礼的仪仗队中，绢甲武士所穿的唐制绢甲，铠甲武士所穿的唐宋铠甲等，都是由贾刚历经两年时间自行考证设计制作的，其中大多数铠甲和绢甲都是在国内首次出现。而新婿、新妇所穿的婚服款式涵盖了汉唐宋明的汉服样式，大部分的设计制作也出自贾刚之手。其中新娘迎亲所穿的宋制翟衣和凤冠，是以宋代皇后画像为依据仿制的。在道具礼器的使用上，贾刚也花了很大心思，礼器全部采用鎏金和漆器的碗盘，其中鎏金香球是以法门寺出土的鎏金香球为蓝本制作的，就连喜道两侧的路引灯，也是由他自行设计制作的，不假外人之手。

许多铠甲师多专研于威武应战的铠甲，而贾刚却对仪仗甲有偏好。从他自己所策划的婚礼可见，贾刚是一位非常细腻的男子汉，他重视的不只是一件古衣的复制，更体察到相互对应的完整与细微之处。在贾刚研究和复制绢甲的过程中，可以窥见他在汉服文化实践中，尝试将某些文化仪式的段落重新架构起来。而借由他恢复的绢甲，也体现了华夏礼仪的重要意义。

在制作铠甲的思路上，由注重铠甲的防御力转变为注重绢甲在仪仗队中的作用，因此加大对皂绢甲的制作，试图在当今社会证实铠甲不是仅能作为摆设的装饰品，而是能在礼仪活动中广泛使用的仪仗专用服饰。贾刚在皂绢甲制作的过程中找到自己在未来汉服文化工作中的重要使命，就如同汉服文化一样，在新的时代中，他也为自己找到了新的定位——努力成为一件民族的甲胄，而非时代的甲胄。

贾刚作品展示

皂绢甲

皂绢甲是中国古代的一种甲胄，根据唐代的《唐六典》记载，有明光、光要、细鳞、山文、鸟锤、白布、皂绢、布背、步兵、皮甲、木甲、锁子、马甲十三种。其中明光、光要、锁子、山文、鸟锤、细鳞甲是铁甲，后三种是以铠甲甲片的式样来命名的。皮甲、木甲、白布、皂绢、布背，则以制造材料命名。

其中所记载的皂绢甲（图26），是一种仪仗甲，一般不用于实战，只是宫廷侍卫武士的戎服。它的出现受到武官公服两裆甲的启示。这种甲是用图案华美的绢或织锦做面料，内衬数层厚绢制成，和皮、铁甲一样，绢甲上也镶嵌皮革及金属制造的饰件（摘自刘永华，《中国古代军戎服饰》）。现在以现存武士俑和天王像的形象进行探索制作。

图26 皂绢甲

两裆式绢甲

1.皂绢甲和平巾帻

蓝本：陕西博物馆藏郑仁泰墓武士俑
（图 27）

图 27　陕西博物馆藏郑仁泰墓
武士俑

该皂绢甲由前后两片构成，唐代配色艳丽，以红绿为主色调。在制作过程中，以绣花绢布为皂绢甲主体，加以内衬，最后再以人造革包边。其质感介于金属铠甲与普通衣服之间，既保证了铠甲的基本式样，又增加了甲本身的华丽度，减轻了重量，更加适于仪仗队的需求（图 28）。

注：该套皂绢甲以唐将郑任泰为对象诠释。

郑仁泰，唐朝（601～663年）荥阳开封（今属河南）人。名广，字仁泰。李渊父子初举兵，即为李世民亲兵。

夺取关中后，为秦王府帐内旅帅。

唐武德九年（626年）玄武门之变时，奋勇冲杀，取得胜利。

贞观十三年（639年）封宿松县公，十七年，拜左卫翊中郎将，不久授左屯卫将军，改封同安郡公。

显庆二年（657年）拜左武卫大将军，为庐山、降水、铁勒三大总管。

使持节都督凉、甘、肃、伊、瓜、沙等六州诸军事、凉州刺史。

龙朔三年卒，麟德元年（664年）陪葬昭陵。

图 28　两裆式绢甲成品

2. 皂绢甲和武弁大冠

蓝本：上海博物馆馆藏唐三彩武士俑（图 29）

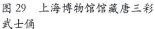

图 29　上海博物馆馆藏唐三彩
武士俑

（a）　　　　　　　　（b）

图 30　皂绢甲系武弁大冠及其细节图

　　该套皂绢甲的构造在原有前后两裆的基础上，后背甲包裹至身前腹部系带连接，再加以前胸甲覆盖。根据武士俑造型，该甲为半身甲，甲长为肩膀到腰间。其所戴的武弁大冠是鹖冠的一种，鹖冠在战国秦汉时期已经作为武官的冠帽，到唐代成为武将普遍佩戴的冠帽（图 30）。

包裹式绢甲

1. 皂绢甲天王双壁

蓝本：甘肃敦煌莫高窟 194 窟
天王像

　　这两套铠甲在构造上颇有印证
的作用，作为敦煌莫高窟中同一石
窟中的两尊天王像，可见在当时建造
时，这一类绢甲造型就存在相互对应
的关系。图 31 中的皂绢甲属于后

（a）　　　　　　　　（b）

图 31　莫高窟 194 窟天王像

包裹式，后背绢甲和裙甲包裹到前腰部固定，再加抱肚穿着。而图 32 中的皂绢甲属于前包裹式，前胸甲和裙甲包裹到后腰固定，再加抱肚穿着。这样的构造简单地说，就是彼之后背，吾之前胸，这样灵活的构造和穿着方式，在金属铠甲中是不常见的，这也许和皂绢甲的材质有关。

(a)　　　　　　　(b)

图 32　皂绢甲天王双璧

而这两种包裹方式的绢甲也成为皂绢甲最常见的构造方式，这种后背甲或前胸甲与裙甲一体的构造在皂绢甲上得到了最完美的体现。同时，皂绢甲上的另一部件——抱肚成为皂绢甲上标志性的部件，抱肚的覆盖面积较之于金属铠甲扩大了很多，除了腰部，抱肚上缘多直接覆盖到前胸。

注：该套皂绢甲，以唐将郭子仪为对象诠释（图 33）。

郭子仪

别称：郭令公、郭汾阳

职业：宰相、副元帅、军事家

所处时代：唐代

出生地：华州郑县（今陕西渭南华州区）

出生日期：697 年（武周万岁通天二年）十二月十二日

去世日期：781 年（唐德宗建中二年）六月十四日

主要作品：《进赐前后诏敕自陈表》

主要成就：平定安史之乱

图 33　郭子仪像

　　郭子仪早年以武举高第入仕从军，积功至九原太守，一直未受重用。安史之乱爆发后，郭子仪任朔方节度使，率军勤王，收复河北、河东，拜兵部尚书、同中书门下平章事。至德二年（757年），郭子仪与广平王李俶收复西京长安、东都洛阳，以功加司徒，封代国公。干元元年（758年）八月，进位中书令。干元二年（759年）五月，因承担相州兵败之责，被解除兵权，处于闲官。宝应元年（762年）初，太原、绛州兵变，郭子仪被封为汾阳王，出镇绛州平定叛乱，不久又被解除兵权。广德元年（763年）冬天，唐朝廷与唐朝军将发生矛盾导致长安缺乏防御，程元振隐瞒军情不报，吐蕃趁长安缺乏防御之时入寇、攻入长安；唐代宗启用郭子仪，郭子仪调集军队。吐蕃占长安10余天，听说郭子仪与唐军靠近，吐蕃立即逃离了长安。公元765年，唐朝官员仆固怀恩反叛，引吐蕃、回纥入寇，郭子仪在骑说服回纥，唐军骑兵联合回纥，大破吐蕃。大历十四年（779年），郭子仪被尊为"尚父"，进位太尉、中书令。建中二年（781年），郭子仪去世，追赠太师，谥号忠武。

宋代天王皂绢甲

蓝本：甘肃敦煌莫高窟 55 窟天王像

该套皂绢甲的蓝本，是目前存世量较少的宋代皂绢甲。相对于唐代皂绢甲（图 34），宋代皂绢甲（图 35）的抱肚大大缩小了，更加符合宋代内敛朴素的气质。宋代皂绢甲的资料极少，而宋以后皂绢甲的记载就基本没有了。

图 34　莫高窟 55 窟天王像　图 35　宋代天王皂绢甲

明光式绢甲

1. 镇墓天王皂绢甲

蓝本：新疆博物馆馆藏彩绘木雕天王俑（图 36）。

1973 年新疆吐鲁番阿斯塔那墓葬出土，现藏新疆维吾尔自治区博物馆。

该套皂绢甲为明光式皂绢甲（图 37），在这套皂绢甲可以看出在皂绢甲的前胸的造型上使用了唐代明光铠甲中明光胸甲的造型，这种造型已经没有了明光胸甲的实用性，仅仅作为一种造型和构造存在。这也是皂绢甲构造的主要样式之一，在很多唐代造像上大量使用。这也使得这类明光式样的皂绢甲成为唐代天王的一个重要标签。

图 36　天王俑　图 37　明光式皂绢甲

2.明光皂绢甲（改良版）

结合多套皂绢甲的造型，设计制造的明光皂绢甲（改良版）。选用狮龙纹布料为皂绢甲的主要材料，以黑色革料包边，突出皂绢甲裙甲的多层次造型（图38）。

(a)　　　　　　　　(b)　　　　　　　　(c)

图38　明光皂绢甲

注：该套明光皂绢甲，以唐代初年著名玄甲军的领军将军秦琼为对象诠释。

秦　琼（图39）

字　　　号	字叔宝
所处时代	隋末唐初 民族族群汉族
出 生 地	齐州历城
去世时间	638 年
主要成就	凌烟阁二十四功臣之一
官　　　职	左武卫大将军
爵　　　位	翼国公
追　　　赠	徐州都督、胡国公
谥　　　号	壮

图39　秦琼像

秦琼隋末唐初名将。初为隋将，先后在来护儿、张须陀、裴仁基帐下任职，因勇武过人而远近闻名。后随裴仁基投奔瓦岗军领袖李密，瓦岗败亡后转投王世充，因见王世充为人奸诈，与程咬金等人一起投奔李唐。投唐后随李世民南征北战，是一个能在万马军中取敌将首级的勇将，但也因此浑身是伤。唐统一后，秦琼久病缠身，于贞观十二年（638）病逝。生前官至左武卫大将军、翼国公，死后追赠为徐州都督、胡国公，谥曰"壮"。贞观十七年被列入凌烟阁二十四功臣。

用实践发展甲胄文化的年轻而古老的灵魂——王京川

在他的身体里仿佛住着一个古老的灵魂，
铠甲对他而言，是艺术、是文化、是传承。

1976年出生的王京川，四十出头，在这圈子里年纪应该不算大，却有个像隐居深山的网名：铁心斋老佘。1995年，少不经世的他开始研究并收藏古兵器，在这过程中接触了一些古代盔甲实物。1997年他尝试制作了一些盔甲。王京川毕业于西北民族大学美术系实用美术专业，自幼学习国画，毕业后选择了自由职业，一直对古玩感兴趣，尤其是古兵器，开始只是简单的收藏，由于古兵器资源有限，就从事古兵器制作修复，现在主要专注于盔甲制作和部分古兵器的制作。

说起铁心斋对铠甲的兴趣，他说从小就对古代兵器盔甲非常着迷，《三国演义》《岳飞传》连环画里面的盔甲，都让他印象深刻。他本来也是学美术出身，经常去美术馆和博物馆，主要是看故宫和军博的兵器盔甲，尤其对展示的盔甲实物特别感兴趣。还记得1993年在琉璃厂，铁心斋买了一本宝宁寺明代水陆画，被上面栩栩如生的盔甲深深地吸引，当时就想有能力一定要亲手制作一些。现在再看到这本书，他还是爱不释手。2003年，他在兰州买到一顶西藏头盔，器型非常完整，让他了解到了古代头盔的结构。2010年，朋友从青海送来了一件明代高级武将肩甲，上面用铁鋄金银工艺，刻画出了一只麒麟，周围是穿枝宝象花纹饰。还有一件明代高级武将护心镜，也是铁鋄银工艺，上面是传统的双龙捧珠形象，有典型的明代龙纹，双龙张牙舞爪，活灵活现，呼之欲出。这些他都视为掌上明珠。

和其他铠甲师的经历一样，铁心斋对制作对象的考据和工艺下了很大功夫，这是铠甲师应有的基本常识。他也习惯一个人单打独斗，在复原制作工作上常感叹时间和精力不够。对于这一路坚持下去的信念，铁心斋说："应该还是情怀，对古代传统文化的热爱和对盔甲的钟爱。"

好几次让他介绍自己，他总说自己不善言辞，但提起甲胄的工作，他立刻侃侃而谈，而且在旁人来看，他比较像是艺术家，而非所谓的"匠"。如他所说，"心情好，三天能做出一件盔甲，如果情绪不高，一年才做一件也是常事，主要取决于灵感，制作时心情也异常平静。"这正是艺术家创作时所展露的真性情。

这几年铁心斋主要专注明清甲胄，根据明代《出警图》《平番图》，以及故宫藏品，仿制出明代万历皇帝甲、将军布面甲、罩甲、清代皇帝大阅甲、兵丁甲。同时对于需要的錾刻、镂空、鎏金银工艺，以及铁鋄金银工艺，他也有所掌握。

铁心斋非常庆幸，选择从事甲胄复原的工作获得了父母的支持，他周围的朋友对这个职业也多有赞同，经常关注他的作品。一路走来，铁心斋对来自亲友的支持特别感激。这几年来，随着甲胄文化开始被重视，他的作品受到国内一些博物馆的邀请去做展出；2016年西塘汉服文化周的中国铠甲展示上也有他的作品；2017年他参与了纪录片拍摄等工作。这一切都是对铁心斋这几年埋头努力的肯定。虽然个人的时间与精力有限，铁心斋

总是通过各种办法和途径克服困难，继续更好地进行盔甲制作。

复制铠甲的工作，没有最好，只有更好。铁心斋"以物为师"，只要有实物参考，有兴趣去做，便要照实打造。虽然他谦逊地说，个人喜好明甲比较多，其次清甲实物比较多，相对仿制要容易些。他并不自满于过去的作品，在心中还存在特别喜欢和特别想做的盔甲，他觉得目前自己只是用比较接近的工艺做了些，下一步他想要以更认真的精神，去做出更好的盔甲。

铠甲复制工作对铁心斋的生活而言，似乎就是一种自然的融入，他从未有强求。对他而言，"工作也就是生活的一部分，何况是制作盔甲，就图一个喜欢，喜欢什么样的就做什么样的"。虽然不用突出自己，也喜欢按自己的思维做事，但做事情要尽量靠谱。或许是觉得现代人对于中国铠甲的认识太少了，外来文化，舶来文化，到处都是。铁心斋希望用一份认真的心，来改善现代国人对中国盔甲极低的认知度，希望有一天这种现状会得到改变。

虽然铠甲是一种武力的象征，但在从事铠甲复原工作时，最希望能让铠甲发挥的作用，应该是维护和平。今日复原中国铠甲的目的，是不要让盔甲再成为武器，而是作为艺术品和传统文化的载体，传承古代的文明。铁心斋也希望制作的盔甲能让更多的人了解古代的工艺和文化。

铁心斋默默地用实践把甲胄文化发展下去，期望这一份传承和弘扬传统文化的努力，能让广大传统文化和盔甲爱好者更好地了解盔甲文化，也能让收藏在博物馆里的文物、陈列在广阔大地上的遗产、记载在古籍里的文字和图画都活起来。

王京川作品展示

明神宗万历甲

明神宗万历甲（图 40、41、42），根据明代《出警入跸图》仿制，盔体铁制，真武大帝端坐正中，两边金龙捧珠，盔顶双龙穿枝纹，饰红缨上插龙旗雕翎，护肩雕支巴扎神兽，口吐璎珞，甲身为明式大对襟甲，甲正面有金色升龙二条，背面金色正龙一条，甲衣边缘有描金行龙 36 条，下坠彩色皮穗，整体庄重威严，充满帝王气息。

(a)　　　　　　　　　(b)　　　　　　　　　(c)

图 40　明神宗万历甲

（a）　　　　　　　　　　　　　　　　（b）

图 41　明神宗万历甲正面和背面

图 42　明神宗万历甲盔顶双龙穿枝纹，饰红缨上插龙旗雕翎

明代的铠甲　麒麟宝象缎面甲

麒麟宝象缎面甲（图43），是根据见过的一件明代铁鋄金银麒麟肩甲实物仿制，又结合萨迦寺和观复博物馆收藏头盔制作的一套缎面铁甲。铁盔鋄金银麒麟，盔顶镂空穿枝龙，臂甲铁鋄金银麒麟宝象花纹饰，下连缀甲片，甲衣缎面镀银钉内敷铁甲片，亦繁亦简，实用美观。

（a）臂甲铁鋄金银麒麟宝象花纹饰　（b）下连缀甲片　（c）甲衣缎面镀银钉内敷铁甲片

（d）盔顶镂空穿枝龙

图43　麒麟宝象缎面甲

清代　康熙

康熙

本　　名	爱新觉罗·玄烨	
别　　称	康熙帝、恩赫阿木古朗汗、Hiowan Yei（满语发音）	
所处时代	清朝	
民族族群	满族	
出生时间	1654 年 5 月 4 日	
去世时间	1722 年 12 月 20 日	
主要成就	蠲免赋税、发展经济；巩固统一的多民族国家，开府设县，抵制沙俄侵略；大败准噶尔汗国	
庙　　号	圣祖	
陵　　墓	景陵	
年　　号	康熙	
在位时间	1661—1722 年	

图 44　康熙戎装图

康熙帝（图44）8岁登基，14岁亲政，在位61年，是中国历史上在位时间最长的皇帝。少年时就挫败了权臣鳌拜，成年后先后取得了对三藩、明郑、准噶尔的战争胜利，驱逐沙俄侵略军，以尼布楚条约确立中国在黑龙江流域的领土主权，举行"多伦会盟"取代战争，怀柔招抚喀尔喀蒙古。

康熙帝是中国统一的多民族国家的捍卫者，奠定了清朝兴盛的根基，开创出康乾盛世的局面，有学者将其尊为"千古一帝"，庙号圣祖，谥号合天弘运文武睿哲恭俭宽裕孝敬诚信功德大成仁皇帝，葬于景陵。

康熙是中国历史上在位时间最长的皇帝。他取得了对三藩、沙俄的战争胜利，消灭在台湾的明郑政权，显示了康熙军事指挥才能。另一方面，康熙少年时就挫败了政治对手鳌拜，年老时利用"文字狱"打击汉族异议人士。康熙举行"多伦会盟"取代战争，怀柔蒙古各部；意图以条约确保清朝政府在黑龙江的领土控制。他开创康乾盛世的局面，是一位英明的君主、伟大的政治家。

康熙大阅棉甲

仿康熙大阅棉甲（图45），根据故宫收藏制作，盔有所简化，甲为上衣下裳式，外钉镀金钉，衣内用黄布里，全身皆用黑绒镶边。上衣绣二条升龙，背面居中绣一条正面升龙，下摆绣有平水、寿山、海珠、杂宝、珊瑚等纹饰，左、右护肩绣金龙，下裳二条金龙，饰云、四合如意云等纹饰。下摆绣平水、寿山、如意云等纹饰。

（a）背面居中绣一条正面
　　升龙

（b）下摆绣有平水、寿山、
　　海珠、杂宝、珊瑚等纹饰

（d）上衣正面绣二条升龙

（c）正面图

（e）头盔

图45　仿康熙大阅棉甲

宋金时期金兀术　仿宋金时期铁浮屠

仿宋金时期铁浮屠（图46），又称为铁浮图，浮屠是佛语中铁塔的意思。根据记载，属于具装重骑兵甲，也是传统扎甲结构，使用皮绳穿扎，防护面积也比以前的扎甲要大，防御性能更好，但过于沉重。1140年，金国将领完颜宗弼（金兀术），率领手下十万大军、一万五千拐子马、五千铁浮图一起，浩浩荡荡杀奔南宋临安，途中战无不胜，攻无不克，一路气势汹汹杀到长江边上的顺昌。顺昌守将刘锜带领士兵英勇奋战，终于把金兀术的五万大军、一万拐子马、三千铁浮图消灭。金兀术残余撤退，途中被岳飞拦截，两千铁浮图、五千拐子马、三万大军被剿灭，铁浮图彻底覆灭。

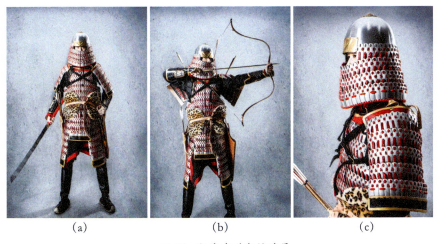

(a)　　　　　　　(b)　　　　　　　(c)

图46　仿宋金时期铁浮屠

元末明初 五爪金龙梵文铁盔

五爪金龙梵文铁盔（图47），根据西藏萨迦寺藏，五爪金龙梵文盔甲仿制，盔体四道金梁，前后梁二条金龙，四面上为金色梵文，下为四条五爪金龙，张牙舞爪，盔顶中间置摩尼宝珠，镂空双龙穿枝，如意云纹，遮阳镂空双龙捧珠，额档饰以缠枝莲花，造型古朴，纹饰精美，级别颇高，据说是元代皇室所赐。观复博物馆也收藏一件同样的铁盔，只可惜前后金龙遗失，马未都先生在一期节目里，断定此盔为大明永乐皇帝御用头盔。

(a)   (b)

图 47　五爪金龙梵文铁盔

飞鱼服篇

明代赐服

——飞鱼服

在中国历史上，应该没有其他家族能够像孔氏家族一样，受到历代朝廷的敬重和保护，世世代代承受皇帝的赏赐。

作为中国最大的贵族之家，孔府珍藏着大批历代承启传世的汉服。据考究，孔府旧藏明清服包含朝服、礼服、公服、常服、吉服……各式男女服饰及其配件，已然成为研究汉服系统与源流者最具参考性质的活化石宝藏。

在孔府收藏的多款明朝服饰中，有数件朝廷赐服蟒袍，如万历朝蓝地妆花纱蟒衣、绣双凤补赭红缎长袍、茶色绸平金团蟒袍、藏蓝云纹罗地织金妆花蟒袍；也有飞鱼服，如香色马麻飞鱼袍（图48）、红地飞鱼纹纱单袍……

这件香色马麻飞鱼服，连身袍长有125米，腰宽有57公分，袖长97公分，袖口采宽袖口，香色马麻单袍，右衽

图48 明孔府旧藏：香色马麻飞鱼袍

交领。其下摆宽大，腰部有许多像百褶裙一样的大褶。该服饰正式的名称为贴里式，在衣服的前胸一直延续到后背，织有彩色海浪江崖，上有一头神兽，这神兽图腾就是大家口中的"飞鱼"。"飞鱼"一直延长过肩，延绵下来就好像一只飞鱼兽在游走飞行。

在明朝的官服礼制中，斗牛、飞鱼、蟒、麒麟、虎、彪代表各官品层级。其中的"飞鱼"是一种近似龙首、鱼身、有翅膀的虚构形象（图49）。《山海经》描述此鱼陵居在其北，形状如鲤鱼，而且还不怕雷，可以御兵，有多种神话色彩，有附会者因此说飞鱼与雷神存在着某种联系，它具有雷神的神性和神力。

在中国传统寺庙宫殿建筑中，也常能见到飞鱼在斗拱中的运用（图50）。"飞鱼"在建筑中因不怕雷而好吞火的特征，而被立于大通与点金柱之交角

图49　孔庙旧藏衣服上的飞鱼纹饰

处，用以防火。中国传统吉祥图案中，有"金吾"和"鳌鱼"，"金吾"头似美人头，鱼尾龙首身有翼，有灵性神巧，借以有警戒巡逻之意；而"鳌鱼"则是形似龙、好吞火、唤风雨，背负着蓬莱仙山，故常常架在屋子顶的尾脊。依实际造形来看，飞鱼即"金吾"与"鳌鱼"的综合体。总的说来，飞鱼是中国古代文化中吉庆瑞兆的图腾象征，因赋予了神格，非一般百姓可以随意使用。

飞鱼服在明代须由国家织造局才能织造，且飞鱼图腾还可用在许多赐

图50　庙宇中金顶柱上的鳌头（飞鱼）

服、衮服、吉服上，在孔府服饰中便有"青织金妆花飞鱼过肩罗""青织金妆花飞鱼绢""大红妆花飞鱼补罗"，以及女性圆领飞鱼上衣、直身、道袍、贴里、曳撒等多种服装。根据尝试复原飞鱼服的雪飞君叙述，在首次根据孔府明朝香色马麻飞鱼袍为原型，手绘还原飞鱼服时，察觉此服并非仅有表面上的兽形纹饰，布料本身还有底纹，说明明朝的御用冠服制作工艺繁复。想想一套飞鱼服，其底纹青罗并镶有金丝，又须根据图腾计划经纬，各花色在织造剪裁时花色也需对上，不仅对织造的功夫要求高，裁缝的功力也要深，费工也费神。

在电影《锦衣卫》中，我们看到东厂锦衣卫都穿着这种飞鱼服。既然飞鱼服是赐服，为何会成为锦衣卫的制服呢？

飞鱼服本是明朝内使监宦官、伺服者特赏的衣服，到嘉靖、隆庆年间，也将其送给大臣，是后来才发展为太监和东厂的锦衣卫头领所穿的官服。在《出警入跸图》（图51）中，即可见万历皇帝出巡，四周有许多穿着飞鱼服的锦衣卫随伺在侧。

图51 《出警入跸图》局部

　　飞鱼服主要是呈现飞鱼图腾的服饰，而锦衣卫的飞鱼服与朝廷文武官的飞鱼服略有不同。如（图52）飞鱼服下摆垂整看似为一片式，但据《明宪宗元宵行乐图》（图53）中，射手下摆则在腰部有摺纳大折，此服形式被称为"曳撒"。

图52　在国画中人物穿着飞鱼服

图53　明代绘画中的体现《明宪宗元宵行乐图》，射手着曳撒

飞鱼服凛凛震撼的再现
——陈雪飞

陈雪飞在央视纪录片《矢志青春》中说:"这是一个现代社会,我们也是现代人。我们复兴汉服,不是为了回到过去,不是复古,只是为了找回我们民族曾经美丽的东西。"

雪飞在汉服圈子里算是名气不小的名人了,这些年各种大大小小的汉服活动总能看见雪飞君和他一起练习射艺的小伙伴们穿着英气飒爽的飞鱼服挽弓搭箭的英姿。穿戴起飞鱼服之后,似乎可以让人看到隐藏在他身后的强大力量。不是因为锦衣卫的衣装,是由于对汉服、飞鱼服的敬畏生成的崇敬,他那不拘的艺术坚持在完成飞鱼服的瞬间,就像能看见的翅膀,带着理想高飞。

雪飞是一名网络游戏公司的美术设计师,几年前开始研习射艺,研制飞鱼服。在动手制作前,雪飞自己找了许多文献，把所找到的资料都打印成图片以备参考，做足了功课。他窝在他的住处，足足做了 60 天，完成了他的第一件飞鱼服。

飞鱼服是明代锦衣卫朝日、夕月、耕耤、视牲所穿官服，由云锦中的妆花罗、妆花纱、妆花绢制成，佩绣春刀，是明代仅次于蟒服的一种赐服。据《明史》记载，飞鱼服在弘治年间一般官民都不准穿着。即使公、侯、伯等违例奏请，也要"治以重罪"。后来明朝规定，二品大臣才可以穿着飞鱼服。雪飞制的飞鱼服是仿制孔府的贴里飞鱼服，但却是在曳撒上绘制的，衣服的料子则是普通的纯棉料子，然后用市场买到的手绘颜料，自己根据打印出来的图样一一描绘。如果没有美术的底子，也没有汉服的根基和飞雪的一点冲动，现在想要重现飞鱼服的神武，应该很难吧。

"它太漂亮了，第一次看到这个东西就被震撼到了，那种早先时候的设计感很吸引人。然后就是……"雪飞君皱了皱眉头，"然后就是没有人做这个事情。"一般人或许就这样隔着玻璃对着被层层保护的华服兴叹，并让这美丽回忆封闭在历史中。但雪飞觉得，他或许是有办法重现这种失落的美的，后来经过他和同伴的努力，也确实证实了这一点。每次跟伙伴们聚集在一起演练箭阵和战阵的时候，织锦的袍子在阳光下闪闪发光，凛凛的金灿光辉捕捉了所有在场的眼光。

雪飞下定决心要做出这么一件飞鱼服，就一定要做好。可是，实物复原哪里有想象中那么容易呢？刚开始搜集纹案资料，就遇到了不少麻烦。"很多资料其实都是缺失的，比如说在博物馆里拍到的照片，很多角度都没有，没办法全方位地展示这个衣服。"幸好有那些孔府旧藏，弥补了许多不足，但还是无法取得全部数据。碍于图片模糊，雪飞不得不根据现存的影像资料进行自己的再创作，"那个衣服是有暗纹的，四合如意云纹。"原本衣服用料上还有底纹，当他刚开始想制作时，就直奔市场买了相似的色布，埋头就做，却没有发现这些细节。雪飞坦言，重复绘制的过程是枯燥的，但这并不能浇灭雪飞要将它们从老旧时光中拉扯出来的热情与欲望。"其实做这个东西的过程没有什么乐趣的，但是你知道吗，把图案画完那一瞬间的成就感啊，真的是，特别特别开心。甚至是只完成了一部分的时候都激动不已。"在完成了前胸部分的绘制之后，雪飞就把布料送去进行了剪裁，在成衣缝制出来后，他就忍不住把这件未完成的作品穿上了街。

后来为了便于飞鱼服可以进行更多复制，以及更贴近原来的服制，雪飞就想到了用电脑制图，给布料做印花处理。就这样，有了最早的一批飞鱼服。飞鱼，四兽麒麟，蟒……随着时间的推移，雪飞的作品越来越多，也有不少现代常服的设计，传统的纹饰在上面既不显得违和，也丝毫没有半分累赘之感。

从雪飞穿着第一件手绘飞鱼服的照片中可以看到，他的脸上有种被挑起的兴奋、令人眼睛一亮的眼神。飞鱼服的研制完成，在汉服圈里是一件大事，也推动传统射艺的推广向前迈进一步。摊开他第一次绘制飞鱼服60天的作品细节照片（图54），分别完成前胸绘制、裁剪、布料平铺图；因为曳撒下摆太复杂，只好先做完衣服再画的膝襕；又继续画好的下摆、膝襕；上身试穿。这一连串的过程除了看到逐步完美的飞鱼服呈现在我们眼前，也窥见雪飞的执着，一间小窝，每天几近趴在桌上、地上和睡铺上，细微的描绘、比对，不知道这一切在每天陪伴着他、被他唤作"小黑"的白猫眼里，是一个怎样的情景。

这一切不是为了回到过去，不是复古，只是为了找回我们民族曾经美丽的东西，使我们不再对着玻璃里历史印记下的美叹息，而是让这古老的东西吸纳了这一代全新的生命力，在更多的地方鲜活起来。

图54　陈雪飞第一次绘制飞鱼服的作品细节照片

陈雪飞作品展示

　　飞鱼服（图 55 ~ 62）是明代锦衣卫朝日、夕月、耕耤、视牲所穿官服，由云锦中的妆花罗、妆花纱、妆花绢制成，佩绣春刀，是明代仅次于蟒服的一种赐服。

图 55　圆领飞鱼服展示

（a）圆领长袄，青织金妆花飞鱼过肩罗，除胸前外，肩袖、下（摆）亦绣有纹饰。分别有黄、红、绽、白、黑、青六色。

（b）赐服的料子通常采用云缎、闪缎、云绢、纱、罗等高级衣料，以大红、青、蓝、紫、沉香等颜色为底色，采用织金、妆花等复杂工艺，胸前为龙头和龙爪，龙身绕过肩膀，龙尾甩到身后。

图 56　飞鱼服细节展示

图 57　交领飞鱼服展示

图 58　交领飞鱼服展示

图 59 交领飞鱼服展示

图 60　交领飞鱼服展示

图 61　交领飞鱼服配饰

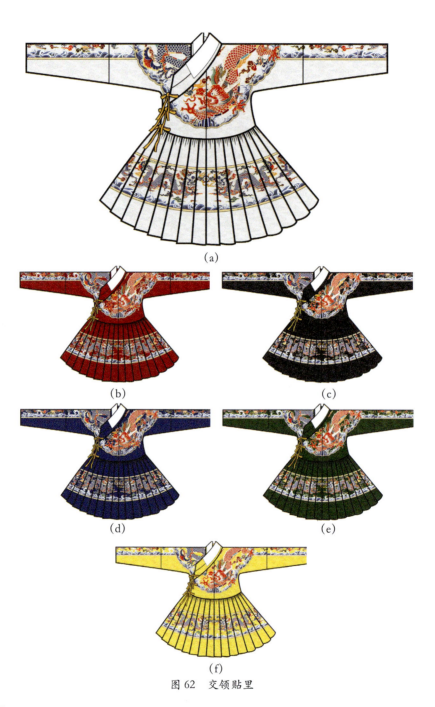

图 62　交领贴里

冷兵器篇

中国冷兵器
——弓与箭

图 63　石刻骑马射箭

礼仪与常德文化的转换——弓

　　远古时期，先民为了生存，依靠智慧和力量创造了许多获取猎物的方法和武器，弓箭便在这种条件下，被人以石、骨和木的组合，创造出来，可以进行远距离具有杀伤力的工具。

　　在中国武艺中流传着一句话："武艺一十八般，唯有弓矢第一。"可见中国人对于弓箭这种兵器的尊奉。在后羿射日的远古神话故事中，神箭手后羿连射九发，能把太阳射落，不仅间接说明了中华民族制作、使用弓箭的起源之早，也对弓箭的威力表达了赞誉。尽管后羿射日只是一则神话，但也说明了弓箭在远古时期的人类生活中具有重要地位与作用（图63）。

1963 年，在山西朔县峙峪村出土了一枚石镞。该石镞具有箭头锋利、尖头适度、器型周正等特征。经过考证，这枚石箭镞已有 28000 年以上的历史，是在旧石器时代晚期打制的。以此推算，早在三万年前，中国就出现了弓箭。

随着先民国族、土地意识的增强，弓箭成为冷兵器时代的利器。《考工记》提到，古传黄帝臣挥作弓，荀子则称倕作弓。而《山海经》中写道："少皞生般，是始为弓。"在古代，弓箭的使用超越了其他兵器。《史记·周本纪》："楚有养由基者，善射者也，去柳叶百步而射之，百发而百中之，左右观者数千人，皆曰善射。"这就是"百步穿杨"成语的由来。

中国传统弓箭按构造及材质可主要分为单体弓、加强弓及复合弓三大类。单体弓就是用单一材料制成的弓。加强弓也称为合成弓、迭片弓，是用相同或相近的材料制成的。复合弓则是采用不同的多种材料制成的弓。使用筋、木、角制作复合弓的历史悠久，据考证可推到商代之前。由于复合材料韧性适中，弓臂不用太长就能提供足够的张力射远。

射箭看似简单，其实持弓者的力气至关重要，一般上等弓的拉力要在 60 公斤左右，在古代考"武状元"的大力士还能拉开 150 公斤的强弓，而弓的挽力决定了箭的射程、穿透力和命中精确度。射手在拉弓时都会戴上拇指环（或称扳指），防止拇指被弦线割伤。早在商代就有扳指的出现，而清朝王公贵族则将扳指演化为一种珍藏古玩，不少现代人也将扳指作为古董收藏。

古代战争中常以军阵对垒的形式作战，弓箭在军队中的作用异常重要。据唐代《太白阴经·器械》记载，唐朝一支军队编制为 12500 人时，需要装备"弓一万二千五百张、下拨弦三万七千五百条，发箭三十七万五千支"，在战场上，一声喝令，万箭齐发，可想空中箭如雨下时，是何等的壮

图 64　宋弓制型图：按从左到右分别是黄桦弓，黑漆弓，白桦弓和麻背弓

观，又是怎样一场腥风血雨。

宋人沈括因曾兼管军器制造，在其著作《梦溪笔谈》中介绍了宋代弓弩制作的过程。其中一张良弓应具备六个特征：一为弓体轻巧强劲，二是开弓有弹性，三要长时间使用射力不减，第四是无论冬夏射力稳定，第五是箭射出去声音清脆，最后是开弓时弓体端正。

弓的制造是一个非常繁复的过程，譬如，要选用干透的动物韧带，经过胶汤浸煮和梳理，让其失去弹性；制造弓体的材料还要朝开弓的相反方向弯曲，而后贴上牛角片和筋丝，接着又是多次的涂胶，而涂胶又须顾及胶的变化而影响弓的弹力。不仅选材重要，制造时间也要配合季节时令，往往一张弓制作下来，没有一两年是不成的，三年造一弓也是常有的事情。然而，从过去到现代，不论是传统弓还是现代弓的研制，基本的制造弓的工序并无多大的改变，可见古人对弓的制造技巧高明，以至今日还被人们延用。图 64、图 65 分别为宋朝与明朝的弓制，显示出材料与型态的差异。

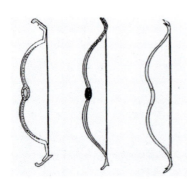

图65　明弓制型图：左是开无弓，中是小梢弓，右是两番木弓

弓箭虽然最初是猎杀野兽的武器，但在中国古代生活中早已将其用途扩展，如我们常在武侠电视剧中看到的以箭传书信、平日的游憩竞赛、将相武士射击的训练，宫廷中还会以射箭比赛来进行交谊或以射箭的表现赏赐属下，作为一种娱乐（图66）。

中国文字其实也记载了弓的发展，以及弓在历史文明中意义的转变。在甲骨文中，"射"字就是箭在弦上；金文出现后，"射"字在箭尾多了一

图66　西塘汉服文化周上射阵的演出

只手；篆文将弓变成了"身"，而箭变成"矢"，最后则是我们现在看到的"射"字（图67）。

甲骨文		金文		篆文		隶书	楷书	行书	草书	标准宋体
甲7·1	状390	静簋	石鼓	说文解字	说文异体	西陲简	赵孟頫	颜真卿	王羲之	印刷字库

甲621（甲）	射爵（金） 商代晚期或西周早期	静簋（金） 西周早期	鬲攸从鼎（金） 西周晚期
包2.60（楚）	说文·矢部	说文或体	睡.杂34（秦）

图 67　射字在中文字型的演变

射的"身"即人身，藉以说明自周礼以来"射礼"就是用来建立人的立身之本和处世之道的。《中庸》："射有似乎君子，失诸正鹄，反求诸其身"，且"男子生而有射事，长学礼乐以饰之"，射箭更是古代男人必学的六种技艺之一。因此，在古代选才举贤，射技便成为一种考量用才的标准。

古人对射箭的训练要求严格（图68），基础打得越牢固、合理、轻松、自然，就能越长时间地保持作战能力，能随心所欲地完成射箭各环节的动作。

记得有这样一则故事：一位师父教徒弟射箭时问徒弟：你看到什么？徒弟苦心揣摩，每次的答案都不一样。最后问到徒弟说

图 68　古之射箭指导说明

图69　西塘汉服文化周活动中，射术的演绎

只能看见目标时，师父才认为他达到了心无旁骛的境界，才让他射箭，这一发果然正中目标。所以射箭时专心致志、全神贯注是很重要的，只有心眼合一，才能准确地正中目标。

　　射箭的本意并非是单纯的射术或竞技类武事活动，"射礼"则让弓箭从一种技术被提升到意识形态的高度，并成为一种具有高度审美的礼仪文化。在前面提到弓箭的制造步骤像是一场较劲，但又需要循序渐进，需要耐心的等候。而射者需要掌握张弛的力道，屏息以待的专注（图69）。从现代制弓匠人与射手对于弓箭的体验中，或许可以让人更好地理解弓与汉文化强调节与度的礼仪关系。如弓箭师许杰克提到练武之人的五个境界，从非常态、寻常态、经常态、平常态，终于到正常态，也正说明了君子修身德行的五个境界。

抒怀侠义的文化圣品——剑

在中国的十八般传统冷兵器中，剑有"百刃之君""百兵之帅"之称。在中国数千年的文化传承和发展中，剑器经过战场洗练、民间术士的神化和儒家的推崇，已不再是单纯的兵器，而是被赋予了更多文化意蕴，其中以"侠义"崇拜为主。在中国所有的传统兵器中，只有剑器有此独特涵义，显示出古代人对于剑的偏好。

1973 年，在长沙城东南弹子库的战国楚墓中，考古人员发现了一幅稀有的艺术画作——人物御龙帛画（图70）。画中人物神情潇洒自若，腰间佩有一把长剑，显得威武而儒雅。据考证，西周末春秋初，先民不论文、武，都有佩剑的习惯。

图 70　人物御龙帛画

中国古代历史中的人物列传里，可以查到许多跟剑有关的故事，甚至很多剑器也因此闻名于世。仅《史记》中记载的，便有棠溪、墨阳、合伯、邓师、宛冯、龙泉、太阿、莫邪、干将等多把名剑。《越绝书·越绝外传记宝剑》中则记载有湛卢、纯钧、胜邪、鱼肠、巨阙等名剑。这些剑

图 71　壁画《刺秦》

图72　越王勾践所持宝剑

器不仅都来自于当时著名的铸剑师，其背后的故事，也是大家所熟知的典故。如专诸用鱼肠剑刺死了王僚；"图穷匕见"中，荆轲刺秦王所用的是"徐夫人匕首"（图71）；莫邪、干将这一对雌雄双剑用以象征爱情的坚贞。

　　莫邪是古代的一名女子，她的父亲就是铸剑大宗师欧冶子，湛卢、巨阙、胜邪、鱼肠、纯钧都由他所造，主要是为越王勾践铸造的（图72）。欧冶子铸造出不少名剑，因此被后代的铸剑师们奉为祖师来敬拜。传说欧冶子与其弟子干将连手所铸的龙泉剑（龙渊剑），在铸剑师的眼中，不论其形、锻造、神韵，都属于剑器中的极品，铸剑师莫不以龙泉剑为一生铸剑的目标，这也使龙泉市成为中国的铸剑之乡，拥有中华民族著名的古代剑文化遗产。

　　一般人容易把剑与刀混淆（图73）。剑与刀除外形不同外，操作方式也大有不同。剑在操作上比刀更讲究，因剑有双面刃，不同于刀的单刃，

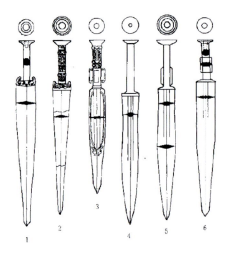

图 73　早期短剑的型态

容易伤及武剑者自身，因此剑法上的训练要求使用者具备很高的技艺。民间练武者自古就有"百日刀，千日枪，万日剑"的说法，可见剑术学之不易。

一柄剑分为剑镡、剑柄（剑茎）、护手、剑脊、剑刃、剑尖，以及剑穗等部分（图74）。在中国古代，剑不仅是兵器，也是一种显示门第身份的配饰。我们常在中国戏曲中看到皇帝钦命御史或钦差大人手捧尚方宝剑，代表皇帝所赐的权力地位。"尚方"亦作"上方"，是皇帝授给亲信大臣的御用宝剑，拥有尚方宝剑就等于拥有先斩后奏的生杀大权。

在电影《霸王别姬》中，我们看到张国荣饰演的京剧花旦扮上虞姬，与西楚霸王告别时武剑，又是一个生花妙舞的艺术片段。东晋祖逖立志忠心报国，闻鸡起舞，这里的"舞"指的是舞剑锻炼。以上，都表现出剑器代表的权力、地位，以及其侠义、倜傥的高尚意涵。

图 74　春秋青铜剑

　　剑在民间还被赋予更多的神力，有除煞、吉祥的意味。唐朝儒道佛并行，剑开始被当作仪仗道具。比如在中国道教的仪式中，道士以剑来进行降伏妖魔的法术仪式，因此，一般百姓便认为剑气有镇邪除恶的作用，在家中上悬一剑即能除去一切邪恶之事。到今天还有一些家庭或者企业，会在明显位置悬挂剑器，用以镇邪，同时也作为观赏的艺术品。

　　都说是百炼成钢，重复入火入水，多次淬炼才能打出一把好剑。以常人来看铸剑，可能就像打铁一样来回折腾，其实不只是打铁，还包刮了锻、挫、磨、刻、雕等 200 多道工序。铸剑过程被许多铸剑师比喻为个人内修外炼的精神冶炼，所以剑器也就会被拿来象征君子刚忍坚毅的品德，以及其刚正不阿的道德情操。

　　除了在武术中使用，在今日，剑早已被视为传递文化的媒介。通过剑器的馈赠、展示，剑器文化继往开来，剑也成为传承华夏文明的重要文化圣品。

古兵器弓射研究者
——许杰克

因为孤独与寂寞，让一切可以更专心，

在现代与传统的共存与冲突中，寻找突破。

　　在研究、复制古兵器的韵律中，许杰克仿佛遇见了
另一个自己，传承中国弓艺的使命，张弛、松紧，让他
明见生命的方向。世界射远锦标赛（World Archery Flight
Championships）属于国际性运动赛事，为飞行（射远）
射箭界中最大的盛事，迄今已举办了 60 余年，堪称世界
上最严苛的比赛之一。在这场竞技中，选手面对的是一
种完全没有标靶，只有方向的射远竞赛，目前在全球熟
悉这项比赛活动的人凤毛麟角。而 2015 年、2016 年在美
国盐湖城举行的世界射远锦标赛，传统弓组的冠军却是
来自中国台湾地区的许杰克。

许杰克出生于 1975 年，台湾嘉义县朴子人。他毕业于台湾艺术学院雕塑系，是台湾艺术大学应用媒体研究所硕士。他是一位知名广播旅游节目的主持人，但在更多的时间里，他是一位古兵器研究者。身体里仿佛住着古老的灵魂，在家族传承下，15 岁开始接触功夫，尤喜爱中国剑。在大学时期学习日本居合道、剑道，曾任剑道社社长。担任社长期间，在修理竹剑的过程中，他偶然用雕塑机具制作竹木弓，后来接触到古代兵器书籍及相关收藏家，这让他一头钻进传统弓箭研究中，并愈加沉迷。

学射传统弓箭不稀奇，但古董传统弓箭不易得，能匹配刀剑功夫的弓更是找不到，许杰克决定研究适合自己的弓箭。他不断翻阅古书，寻师访友，联系国际研究者，甚至到国外博物馆找答案；他不止做研究，也学习传统弓箭实造。探索多年后，与团队合作复制了唐、宋、元、明等朝代的传统角弓，并策划了 2016 年在台北举办的"东方弓箭文化特展"，将作品一一呈现。

这些并不能满足他，抱诚守真以怀德的许杰克心中一直有个愿望，那就是希望东宁弓有成功复制还原的一天。许杰克说，在中国古代，明朝是造弓技术的最巅峰，"明弓"是汉人思念明朝的称呼，因郑成功曾将明弓带到台湾，这是弓箭史上汉人弓箭最后的传承，所以他参加射远赛用的就是明弓。郑军将明代角弓形制带入台湾，在台建立"东宁王国"，因此将所承袭改良、就地取材的弓称为东宁弓，此弓在华人世界已失传。所幸他得韩国弓射研究者成顺庆传承的射理与片箭（亦称小婴箭），亦从美国前射远协会会长 David-Lynn Hayes 处习得射远知识，加上其他有限的数据，希望能成功复原曾经纵横四海的东宁弓。

许杰克接受电视采访时，提到 2016 年那场竞赛，地点位于美国犹他州盐湖城，干燥高温，必须克服人体与弓箭在比赛中的耐受度。许杰克参加的传统弓组，传统复合弓不能使用现代材料，从弓到弦至箭，必须使用传统木、角、筋、动植物胶所制成，在干燥酷晒下要维持弓箭性能的稳定有些难度。加上赛前意外大雨，隔日比赛时许多选手的弓具产生脆化，意外

频传，许杰克的蚕丝弦崩断，强力张弛的力道，让弦直接打在他持弓的手上。上午忍住被断弦击中的疼痛，用渗血的手继续 50 磅比赛；下午另一场 70 磅，断弦击中虎口同一位置，伤处立刻飙血肿大，许杰克咬牙完成了赛事。在纪录片的片段中，没有留下他说痛的镜头，但在画面上，握弓的手上有直条条的红色伤痕。那次比赛，他获得了世界射远锦标赛传统复合弓组 50 磅、70 磅金牌，同时成为传统复合弓组 70 磅纪录的保持人。

自诩为古兵器研究者的许杰克，发现古人造弓箭很有智慧。他说，传统弓箭不只是兵器，还藏了好多古人的秘密，传统弓箭除了就地取材匹配合成，射术更是一种矛盾的心理组合，强调射箭时延伸的意念。古代有许多神话故事及神秘的刀剑匹配练法，但从现代解剖学的观点来看，其实就是如何让筋骨、筋络结构的作用力与反作用力配合的恰到好处，跟武术所谈的"放劲"是同一件事。许杰克留着长发，穿着传统东宁服的布衫，颇有古代侠者的感觉，除此之外，还多了一份文儒的书生气。在现代，许杰克坚持着矛盾的古兵制作技艺，生活上科技与传统皆是顺手拈来，为我所用。

谈起制弓，许杰克专业的匠人精神立刻显见：上好材质包括水牛角、柘木、鹿腿筋、蚕丝、高山箭竹、猛禽一级飞羽等；制弓前，必须先视气候湿度熬鱼鳔胶，鹿腿筋须先晒干槌剥成丝，计算力量后，与柘木、牛角制成的弓胎上胶黏合，之后置放熟陈，并通过四季考验，驯弓微调后上漆，才算大功告成。许杰克所持的每张弓箭背后，都是数倍失败经验的累积，这些研究也让他活跃于国际文化、观光的舞台。除了比赛获奖外，他也曾应邀到蒙古国、日本、韩国、中国香港、约旦、哈萨克斯坦等地交流，得到不少肯定。

传统弓箭是一项极小众的运动，更别说其制作工艺的传承。至于许杰克究竟坚持什么呢？他说：妥协从来都不是我的第一选项，因为人生中若有太多"不妥之协"，生命很容易就不了了之了……射箭射的不过就是一颗"放心"，梦想才让人前行。在 2016 年的东方弓箭文化特展中，许杰克还首次公布了家学"五常诀"的节录。期待有一天，传统弓箭文化能落实在生活中，达到行古志今的新境界（图75）。

(a)

(b)

图75　许杰克射箭图

许杰克家学——"五常诀"：

练武习兵，阶段有五。非常态、寻常态、经常态、平常态、正常态。

非常态：初学阶段。觉得与众不同稍有程度易感自满，若不进阶，顺则心生傲慢妄念，遇障逆则脱避现实尤人怨天，属非成者。因不同于以往，故浅称非常态。

寻常态：入门阶段。习有基础后更感不足，便从细节处入手探寻素材。成者找寻法门一切线索，非成者寻人查隙以自傲。内观外寻为反求诸己，称为寻常态。

经常态：熟练阶段。寻求得法，日夜常习信心自满。此阶段为建构期，程序路径为要，成者自有轨道系统生生不息，非成者易养成奇特异能，重回非常态。

平常态：高阶阶段。习练有高人一等，此时为自比阶段，体察自身高低落差，非平均匀衡不能登上层次。折高补低化强济弱，此时气质平凡为常，似常人。

正常态：最后阶段。超凡之后初探玄机，信手拈来皆成才艺，持剑即成剑道、持弓即成弓道，旁门左道尤易，正道最难。许氏家训谨取正道，因正道最近永恒。

许杰克作品展示

许杰克带您了解传统角弓制作工艺（图76）。

（a）握把原料七里香、弓臂原料山胡桃　　　（b）弓弰原料大丁黄（柘木一种）

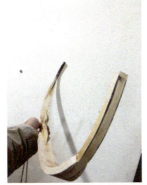

（c）取握把、弓臂、弓弰最佳匹配材料拼接黏合

（d）弓胎与角材

（e）走绳黏合角材与弓胎

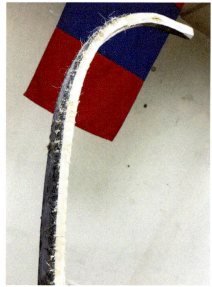

（f）卸除走绳之后，角与弓胎已黏合

(g) 打磨弓胎与角材

(h) 铺筋放置熟陈

(i) 弓弰预备插入骨片

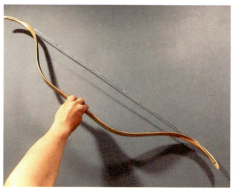

（j）裸弓完成，待调整贴皮装饰

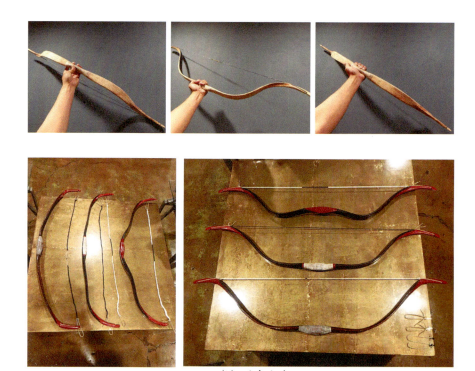

（k）贴皮上漆

图76　传统角弓制作工艺

内修外炼的铸剑师
——胡小军

铸剑之于他，是一项神圣仪式，

千锤百炼、以铁成钢，宛如一生的修炼。

尽如铸剑所需要的内敛，剑村以内外的冶炼，敲出剑刃文化的铿锵。

每个中国人心中都会有个武侠梦，生于"剑都"龙泉的胡小军尤甚。但无奈家人并不铸剑，"继承衣钵"的愿望从小就是空谈。然而，他对古法铸剑的痴迷和疯狂追求，成就了一把把艺术刀剑的诞生。

胡小军，艺名剑村（图77），目前是好莱坞著名导演吴宇森的"御用"铸剑师。2005年创办"剑村刀剑"并担任掌门，锻造作品以原创精致、纯手工孤品见长。从电影《赤壁》开始，先后为吴宇森、胡玫、乌尔善等导演古法锻造刀剑道具，同时也为成功人士锻造孤品传世刀剑。

如果乍闻剑村的名号，会以为这是一位平常的打铁师傅，一身刚烈。但接触到本人时，大概很多人会像笔者一样，对眼前文质彬彬、温文尔雅、思路清晰、言语流畅的他感到诧异。"一般人认为削铁如泥、吹毛立断就是一把好剑。其实良刃除了性能，更要有文化精神，它需要铸剑师全部的心血、精力、甚至于付出生命。"面对剑村对铸剑师的见解，不禁令人想叫他一声"夫子"。

在很多人心目中，刀剑是杀人见血的武器，剑村却指出剑刃在汉朝起已退出战争舞台，只作为权力的象征。在剑村心目中，良刃包含历史、文化、政治、经济、科技、工艺等知识，是时代文明传承的载体。他特别提到司马迁《史记·太史公自序》记载："非信廉仁勇不能传兵论剑，与道同符，内可以治身，外可以应变，君子比德焉。"说明剑所代表的人文精神和社会教化功能。

二十年前因为卖剑，胡小军认识了几位铸剑大师，这些铸剑大师所学技艺，是从日本或中国台湾地区回流的古法铸剑术，而这些技艺都源于汉

图 77　铸剑大师胡小军

唐时期的中国，完全古法打造，珍稀至极。胡小军当即拜在大师门下，这一学才知道，铸剑有打铁，锻、挫、磨、刻、雕等200多道工序，样样都需深耕细琢。他边学铸剑边看古籍，学会了画图纸设计制作，对各朝刀剑的雕饰、装具等也烂熟于心，甚至还复原了2500多年前的"旋焊百炼钢"锻打技艺（图78）。

图78　剑村纯天铁银装永乐剑

2005年创立剑村刀剑锻造所后，剑村决定跟别人走不同的路，他立志铸造原创与历史、工艺与文化并重的纯手工孤品，也就是用传世艺术品的概念铸造每一把剑。选择这条路一开始并不容易，如此高端的市场需求并不被看好，但剑村的坚持是对的，他从铸剑艺术中学习到了十年磨一剑的生活哲学。

铁因炼而成钢，入火入水，炼而淬之，淬而覆炼，十年百炼才成良刃，铸剑师又何尝不是？剑村当学徒时也曾差点放弃，"没工资，我连饭都吃不起，材料也没钱买。此外，研究古人的旋焊工艺一直失败，但有天突然让我们复原出来，故坚持下来。"古代与现代铸剑师的服务对象不同，精神集中度也有差异，"古人铸剑给帝王将相，剑代表他的身份地

位，铸剑师稍有闪失就有杀身之祸，所以他们是用身心性命来铸造每把剑；现代铸剑师为藏家打造心目中的神剑，对方不满意也不至于将铸剑师杀害，所以我们比古代铸剑师安全。"

因为历史的原因，中国出现了文化传承断层，为了要将这些技能重现，剑村向台湾地区和日本的师傅拜师学艺，"日本从汉朝起学习中国铸剑技术，唐朝时更是频繁派出许多大臣来中国学习各种工艺，故全面地保留了从汉代迄今失传的铸剑工艺。"经过不断查考历史文献等，他成功复原明永乐剑、镔铁宋剑，使中国传统刀剑重现。铸剑师要心怀正义才能铸出良刃。十年磨一剑，其实也是剑磨人，铸剑师也应该是道德榜样。剑村便立了"三不铸：邪念不铸、动漫不铸、骑呢（粤语，指举止轻浮古怪）不铸"的规条，并透露铸剑于他是神圣仪式，他会沐浴更衣之后毫不犹豫地投入炉火，以敬畏和虔诚态度对待自己的工作，同时还要对传统工艺、材料、传统文化、民族精神有深刻体会。

历时八年，胡小军学成归龙泉，正式成立剑村刀剑锻造所。他独辟蹊径，从谁也不看好的孤品做起。建立独一无二，不可复制的全手工刀剑艺术品，设计绘图"一定是要达到特定高度"，符合每把剑的时代历史，又要从美学上加以提升。这种极致的要求，造就日后他成为导演吴宇森"御用"铸剑师的因子，其他电影《小夜刀》《孔子》《王的盛宴》等，都出现了剑村古法打造的真刀剑道具。

古法铸剑过程中，每个阶段都需要小心翼翼，稍有不慎就可能前功尽弃。每把剑制作周期也很长，一般都在8个月以上。用剑村的话说，古法锻刀，锻造的是民族阳刚之气，每把剑都称得上"百炼成钢"，这似乎也是对剑村投入铸剑师工作的写照（图79）。

剑村一生中最重要的一把剑，是龙渊剑。"我是龙泉人，我们祖师爷，铸剑大师欧冶子为给楚王铸剑，二千五百多年前来到龙泉，历经十载终铸得三把名剑：龙渊、工布、太阿。后人为纪念欧冶子在龙泉铸剑，称这里为'龙渊'乡，铸剑也就成了龙泉铸剑师世世代代不灭的炭火。"他

图 79　剑村百炼草钢——隋环首刀

于几年前与师父合铸一把"六丁六甲神剑"，成为他一生不卖的珍藏。他直言一个铸剑师最梦寐以求的剑，是金庸武侠小说《神雕侠侣》里杨过用的玄铁剑，"这是一把用天铁打造的神剑，我正在用'天铁'来打造它，虽然纯天铁锻打异常困难，我依然会努力坚持锻打下去。"

平时祭拜的是欧冶子（春秋战国时期，中国古代铸剑鼻祖，龙泉与湛卢剑的创始人），剑村念兹在兹，在古法铸剑这条道路上他会一直走下去，传承中国传统的刀剑文化。

胡小军作品展示

品名：轻吕剑

刃长：25 厘米

柄长：12 厘米

剑重：1.3 斤

轻吕剑源于何时，先秦史籍中记载极少。银雀山汉简中的《孙膑兵法·势备》中有"黄帝作剑"的说法，但许多学者认为这是附会之论。根据考古资料，商代末期已经开始出现青铜剑。西周初期也有青铜剑，不但有出土的实物，而且也有史料的记载。《逸周书·克殷解》记载："先入，适王所，乃克射之三发，而后下车，面击之以轻吕，斩之以黄钺，折县（悬）诸太白"文中的轻吕，司马迁认为是剑。在《史记》中关于这一段的记载是"击以剑"，且随后有"散宜生、太颠皆执剑以卫武王"的语句，这说明司马迁认为西周初期是有剑的（图80）。

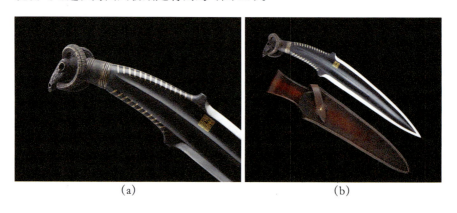

(a)   (b)

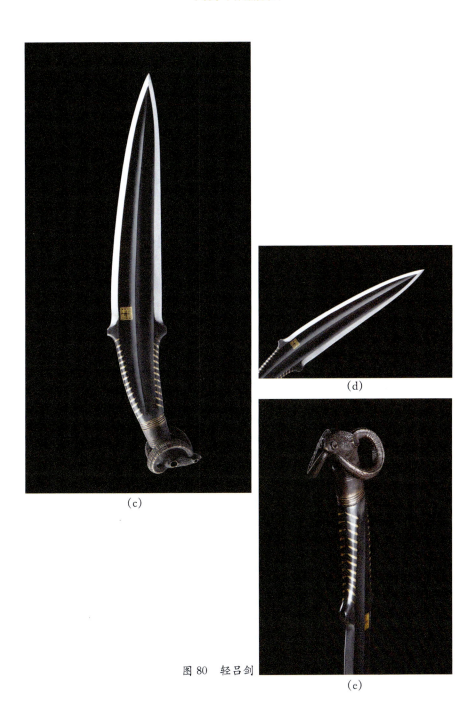

(c)

(d)

图 80　轻吕剑

(e)

品名：天矿剑

刃材：剑村百炼钢

刃长：45 厘米

刃宽：2.5 ～ 6.0 厘米

柄长：11 厘米（含剑首）

剑重：3.3 斤

鞘材：牛皮重革全手工缝制皮鞘

天矿剑是参考旧石器时期打制石刀石枪来制作的，剑身表面石头纹，体现返璞归真，原生态的设计理念。剑首为剑村火焰标志，形制简而不凡，百炼钢纹理清晰自然（图 81）。

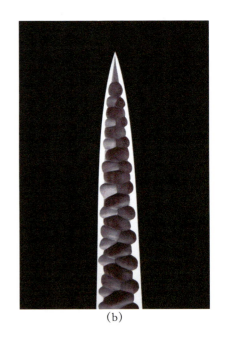

(a)   (b)

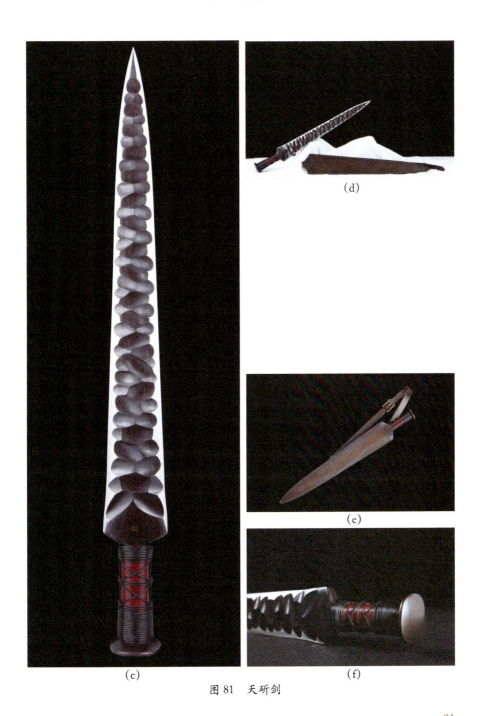

(c)

(d)

(e)

(f)

图 81　天研剑

后 记

　　2013 年，在首届汉服文化周活动上，作为工作人员的我，首次接触到成千上万的同袍，方文山先生也在同场主持活动。当时我听到方文山先生多次提到，想收集与出版类似"汉服白皮书"的图书，除了是希望能将我们历代以来的华夏汉服文化做一系统的整理，希望让更多人可以接触并喜爱汉服，并将华夏汉服引入常民的生活中。有幸，在 2016 年的汉服文化周，我们尝试将当代汉服文化活动历程集结成书，获得相当好的评价。当时我带了几本书回台湾，并发文在网络社群里，希望将此书赠送给相关的汉服社团时，立马被索要一空，获赠书者无不如获至宝，直叹其为难得的文化纪录。

　　这次《铠甲：冷兵器时代的男人装》在规划之初，总策划希望以大众读者为目标，其实是给创作者与编辑非常大的挑战。环顾市场上现有可参考的相关出版品，不是深辟研究，就是拆解零件的方式，难以亲民。于是我们选择了另一条道路：以文明历程和匠师杰作为路径，从复原的作品反视先民留存的基因记忆。与其说这是编辑目的，不如说是身为汉服后学的我，在本书的编写过程中体会到的意义。

　　汉服文化活动在近年得以实践并被广泛接受，有赖于方文山先生的大力推动，以及北京方道文山流文化传媒有限公司和北京华人版图文化传媒有限公司在幕后的策划与执行，不仅让每一次的汉服文化活动内容多彩多姿，也因此留下许多文字与影像的纪录。《铠甲：冷兵器时代的男人装》一书能够面市，也归功于他们对汉服文化前瞻性的规划，没有他们的勉励，相信这一切都不会展现于同袍的眼前。

不论是文山先生、铠甲师、铸剑师、弓箭师、飞鱼服复原者，还是北京方道文山流与北京华人版图的同仁，因这本书接触到的伙伴，都让我了解了"细微又巨大"的汉服文化工程。孙文先生曾说："聪明才智越大者，当服千万人之务，造千万人之福；聪明才智略小者，当服百十人之务，造百十人之福；至于全无能力者，当服一人之务，造一人之福。"惟我可用，才能利他。在华夏文化与人类文明的发扬与纪录中，人我共尽绵薄之力，希望读者、汉服同袍共勉。

刘筱燕

本书参考文献：

陈大威 . 话说中国历代甲胄 [M]. 北京：化学工业出版社，2017.

康锘锡 . 台湾古建筑装饰图鉴 [M]. 台北：猫头鹰出版社，2012.

杨泓，李力，图解中国古代兵器 [M]. 台北：风格司，2017.

顾法严译，奥根·赫·格尔，射艺中的禅 [M]，台北：慧炬出版社，1993.

崔莎莎 . 孔府旧藏明代男子服饰结构选例分析 [J]. 武汉：服饰导刊（6），2016.